私が作って私がときめく自家発電ブローチ集

光浦靖子

文藝春秋

Your
Prince

はじめに

　小学生の頃からフェルトマスコットを誰からも頼まれてないのに作ってはプレゼントしてました。大学生の頃はフェルトのテディベアを誰からも頼まれてないのに作ってはプレゼントしてました。巾着袋、手提げ袋、あみぐるみ、色々配りました。そしてブローチを作るようになりました。

　いつも誰かを思い浮かべて作っていました。実際にあげてもよし、あげなくてもよし。「あの人だったらこんなん笑うだろうな」「こんなん嫌がるだろうな」人を思い浮かべると、無尽蔵にアイデアが溢れてくるのです。

　手作りのモノは断れないし、捨てにくいです。見方によっては嫌がらせです。愛情の押し売りです。だからこそ、その人を思い、その人のために作業しなければいけないのです。

　しかし今回、人生で初めて自分のために作りました。完全にコロナの影響です。

人に会えない。家から出られない。他人という存在が薄くなりました。否が応でも自分と向き合わなければなりません。「私だったら？　私だったらこんなブローチ欲しいかなぁ。絶対に身につけないけど……」仕事はないが時間はある。一回だけ、作ってみようか。

私が欲しいものを作ったんですから、完成品を見たときの私の喜びようといったら、そりゃ尋常じゃありませんよ。ぎゃーーーー!!　胸のあたりからじゅ〜んと、甘い汁が溢れてくる。高級ブランデーケーキのように、小さな穴でカスカスの私の心に甘い汁がじんわりひたひた浸み込んでいきました。自分だけが楽しい。自分だけが嬉しい。なんてささやかな反乱だ。

なんか私、すごい正解を見つけたような気がする。

さて、この本、人が見て楽しいのか？

Contents

羊毛フェルト

素材によって、やわらかさやまとまりやすさ、色の種類が変わります。

ニードルわたわた

わた状なので軽く刺すだけでまとまりやすく、
作品の土台に使ったりします。

フェルトパンチャー＆替針

私は繊細な針先で差しあとが目立ちにくい
「仕上げ針」を使っています。

スポンジマット

針をキャッチするための作業台。針先の損傷を
防ぎます。

フェルト

マットの上に置いて、ブローチの土台に使いま
す。作品に合わせて色を選んで。

アレンジ用刺繍糸

きれいな色やラメ入りなどの
刺繍糸はブローチの周りに装
飾を施す時に使います。

似顔ブローチ

Caricature
brooches

Oniyakko Tsubaki

椿鬼奴

（芸人）

私の憧れる芸人さんの一人。自分の好きなことを堂々とネタ
にしていつも楽しそう。奴さんが先輩だったらよかったのに
なぁ。猫舌で歯が弱く、硬いものが嚙めません。顎の力が弱
そうに見えるように表現しました。食事に行くと、不味そう
な顔をして「美味しい、美味しい」と食べています。

Kazuko Kurosawa

黒沢かずこ

（森三中／芸人）

よく遊ぶお友達。しかしまだ実態はつかめていない。恥ずか
しがり屋で、ワイプで抜かれている自分に気づいた途端に顔
が固くなります。そのときの顔を作りました。
上手に笑う人は素敵ですが、笑うのが下手な人にシンパシー
を感じます。目の下の肉に力が入った感じに。

Miyuki Oshima

大島美幸

（森三中／芸人）

尻は出すけどしっかり者。ざっくり言えば大島の言うことに
間違いはないと信じてます。なぜかいつもフィナンシェを持っ
ていて、いつも1個くれます。

真っ黒黒目が特徴。丸いぽちゃっとしたお肉をのせてゆくと
大島になります。めでたい顔。正月顔。

Tomoko Murakami

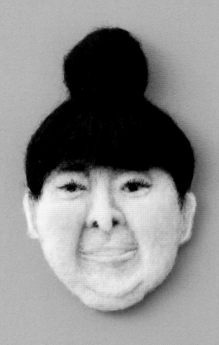

村上知子

（森三中／芸人）

何を食べてもめちゃめちゃ美味しそうに見えます。その白くてぽちゃっとした小さく短い手で摑んだ物は、すべてご馳走に変わります。妖精だと思って接しています。
今回はびっくりした時につぶらな瞳をパチパチさせる、その表情を作りました。丸いようで実は面長、鼻が綺麗。

Wasao

わさお

（秋田犬）

大島を作った時に思いました。この目、わさおに似てないか？
と。で、わさおを作ってみました。やっぱり同じ目をしてい
ました。真っ黒黒目は嘘つかない。でもちょっとズルをする。
怒られてえへへと憎めない顔をする。毛量。とにかく毛。わ
さっとした感じ。中央がちょっと茶色いです。

Nozomu Iwao

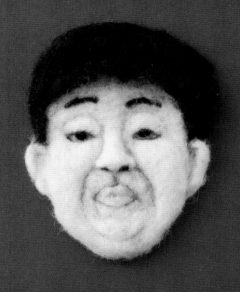

岩尾望

（フットボールアワー／芸人）

村上を作った時に思いました。この頬、岩尾くんに似てない
か？と。で、岩尾くんを作ってみました。やっぱり同じ頬を
していました。岩尾くんと言えば、お人形のようなくるりん
とした長いまつ毛が印象的です。下のまつ毛もしっかりして
ます。黒の羊毛を細かく切っておヒゲをまぶしました。

Kumiko Shiratori

白鳥久美子

（たんぽぽ／芸人）

家庭菜園にはまっていて、宝塚が好きで、ゴシップに詳しくて、芸能界の黒い交際に興味がある、ポエムが趣味のロマンチックな女の子。とにかく目が綺麗で鼻も綺麗で口も綺麗で骨格が『キングダム』の王騎にちょっと似ています。好きなことを話す時の目のキラキラ感を出してみました。

Emiko Kawamura

川村エミコ

（たんぽぽ／芸人）

気づくと背後に立っているような、気配を消すのが上手そう
なイメージがありますが、実は華やかなレイディです。
とにかく小顔。何か面白いものを発見して笑いたいんだけど、
今は笑っちゃいけない現場で、必死に堪えている、そんな顔
をよくしています。その顔です。

Michiko Shimizu

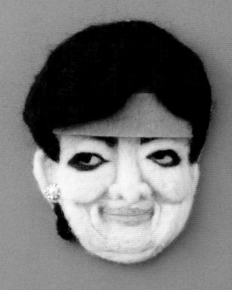

清水ミチコ

（芸人）

大好きな先輩。顔を見ると、犬がフローリングで爪をカチャ
カチャさせてくるくる回る、その気持ちになります。
話を聞いてくれて、笑ってくれて、ツッコんでくれて、笑か
してくれて、しかも奢ってくれる、国民の叔母。今回、は、
百合子、さんの、モノマネ、を、してい、る、しみ、ず、さん、
です。

Barbie

バービー

（フォーリンラブ／芸人）

年下なのに、甘えたくなります。老若男女、バービーを前に
して甘えない人がいるのでしょうか。懐の深い、いい女。
恋にアグレッシブで、顔もファッションもアグレッシブで、
背景の紫に負けない強さはなかなかのもんです。
新作ブラジャーください。

似顔ブローチを最初に作った時の話

コロナでね。緊急事態宣言でね。仕事は無くなるし、本当にやることがなかったんですよ。そんな時に「有吉反省会」から似顔ブローチの作り方をアイドルに指導してほしい、という依頼が来ました。似顔ブローチは、手芸本の企画で、具志堅用高さん、パパイヤ鈴木さん、草野仁さんを作ったことがありました。が、人の顔は難しいです。特に草野さんの顔は難しかったです。途中で高島忠夫さんになったり、高倉健さんになったり、韓国の元大統領になったり、草野さんになるのに5日かかり、草野さんになるのに5日かかり、草野さんになるのに5日かかり、無理して目を見開いている写真は除外して、ナチュラルな、続けました。

なのでスタッフさんの「お手本ということで、この番組のレギュラーメンバー全員作れませんか？できれば1週間で」というお願いに「無理だよぉ」と愚図りました。とりあえず、その番組に出てる相方の大久保さんだけでも、ということで着地しました。一番よく見てるし、最悪、変な顔に作っても怒られない。

大久保さんらしい大久保さんの写真を3、4枚ピックして、頭の中でミックスします。デコルテラインが綺麗なんだな。左右バランスも良くて、人を安心させる顔なんだな。鼻は低いけど筋は通ってるんだな。

作っている途中でガッツ石松さんが出てきました。方向は間違っていないようです。次にミッキー吉野さんが出てきました。方向は間違っていません。大久保さんが生まれました。意外とすぐできた！

「私、人の顔作るの上手かも」その時、何かを掴んだ気がしました。そこから1年間、猛烈に人の顔を作り続けました。

携帯で「大久保佳代子」と画像検索して、

Tomoyo Harada

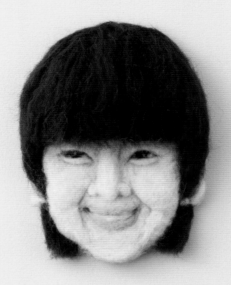

原田知世

（女優・歌手）

私は角川映画が大好きで。透明感。こんなに透明な人を見
たことありますか。小学生の頃『時をかける少女』を見て、
きゅうとなって、じっとしていられなくて、あれは恋だった
んでしょうか。翌日パーマサロンちずこで、同じ髪型にして
もらいました。

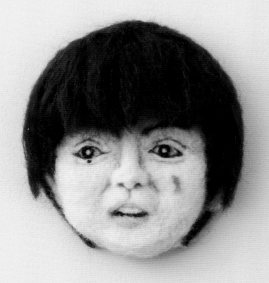

Hiroko Yakushimaru

薬師丸ひろ子

（女優・歌手）

私は角川映画が大好きで。少女から大人へ、その不安定さ
よ。セーラー服に赤いヒール姿は、一瞬で間違った方向に堕
ちてしまいそうで、でも無敵で後光すらさしてて。
薬師丸さんの無垢な歌声が大好きで、カラオケではずっと角
川ソングを歌っています。まだ音程が取れません。

Seicho Matsumoto

松本清張

（作家）

作品も大好きですが、顔。とにかく顔の説得力がすごいです。
これだけのお顔なのに、この髪型。片側下ろしのおかっぱオー
ルバック。唯一無二。威厳の中にどこか可愛らしさがありま
す。松本清張記念館に飾ってもらいました。点が線になりま
した。

Yasunari Kawabata

川端康成

（作家）

カミナリのたくみ君を作っていたのですが、何度やっても川端康成になってしまって。はたと気づきました。これは、川端先生が作ってもよし、と許可を出してくれたんだと。私が意図しなくても自ずと川端先生になりました。『眠れる美女』を読み直しました。

谷崎潤一郎

（作家）

大好きな作家の一人。写真が少なく、しかも白黒しかなく、髪の色がわかりませんでした。で、若い頃の帽子を被ってる姿と、年取った頃の貫禄たっぷりの姿をミックスしました。とても男前なんですよね。そこはかとなく漂うエロさと、体温の高さを出せたらいいな、と作りました。

Alan Cumming

アラン・カミング

（俳優）

誰？と思いました？　ドラマ『グッド・ワイフ』でイーライ
を演じてた人ですよ！　石鹸の匂いが香ってきそうな、清潔、
潔癖な感じだったのに、名作映画『チョコレートドーナツ』
で主役のルディを演じた時は、体臭が臭ってきそうな感じで。
演技は超うまいし、クレバーで、お洒落で、ただのファンです。

Tomoya Nakamura

中村倫也

（俳優）

実際に会ってみて、かっこいい……と思った人の一人です。
ドラマでご一緒しました。画面で見るような、ふわっとした
空気感で、男前を前にするとガチガチになる私をも緊張させ
ない、特殊能力の持ち主でした。目から顎までの距離が短い。
頬がぷくっとしている。つい見とれてしまいました。

Issey Takahashi

高橋一生

（俳優）

ドラマで2回ご一緒しました。その前からファンでしたが、そういう浮っついた態度はプロとして失格だと思い、逆に無視をしました。やったったな。目の下にアイラインが入っているような、これはまつ毛のせいなんだろうか？　見とれていたら、「何？」と優しく微笑んでくれました。できた人だ。

Tomoko Nakajima

中嶋朋子

（女優）

ひょんなことから仲良くなり、私主催のふざけた音楽フェス
に出てくれたり、読書会を一緒にやってくれたり。すごく感
性ビンビンなパンクな人。好奇心の塊。趣味で空中ブラン
コをやっちゃうおかしな人。蛍ちゃんは子供なのに悲しそう
な顔ばかりしてて、それが面白くて作りました。

Iris Apfel

アイリス・アプフェル
（インテリアデザイナー・実業家）

映画『アイリス・アプフェル！94歳のニューヨーカー』を
見て、かっこいいなぁと思ったおばあちゃん。歳と比例して
オシャレになってゆく人になりたいよねぇ。丸メガネの奥は、
綺麗なブルー。安いネックレスをガチャガチャに重ね付けす
るのがアイリス流よ。

Ruth Bader Ginsburg

ルース・ベイダー・ギンズバーグ

（法律家）

アメリカの連邦最高裁判事。「ノトーリアスRBG」と若者か
らも大人気。常に弱い者の味方だった強い人。超クールな
人。映画『ビリーブ 未来への大逆転』見たらよくわかるよ。
綺麗な顔立ちに、レースの襟、メガネ、ピアス、ひっつめヘ
アでRBGに。気高さとお茶目さと清潔感出てる？

Angela Dorothea Merkel

アンゲラ・メルケル

（ドイツ連邦共和国第8代首相）

ドイツ史上、初の女性首相。物理学者でもあって、頭いい
んだよ。コロナ関連のニュースでちょいちょい見ているうち
に作っちゃいました。柔らかい毛の可愛らしい髪型で、ブルー
の垂れ目。実はおちょぼ口で歯が見えないのも特徴の一つ。
おちょぼ口で笑うと少女っぽいの。

Jacinda Kate Laurell Ardern

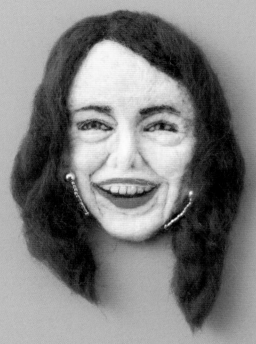

ジャシンダ・アーダーン

（ニュージーランド第40代首相）

ニュージーランドの首相。まだ40歳なのよ。世界の政治家
シリーズになっちゃった。なぜなら公人は作るのに許可がい
らないのよ。親しみやすい動画などもアップしてて、とにか
く高い支持率なのよ。

大きく口を開けて笑う姿が印象的。細い糸で歯に縦線入れて、
本数が多く見えるようにしました。

Kamala Devi Harris

カマラ・ハリス

（アメリカ合衆国第49代副大統領）

初の女性アメリカ副大統領。「私が初の副大統領になるかも
しれませんが、最後ではありません」て、少女たちに語りか
けるんだから。口角をグインと上げて、頬に縦筋の入るパワ
フルな笑顔が特徴です。片方の耳に髪をかけ、ちらりと見え
る真珠のピアスがカマラ的。

Takako Doi

50代の土井たか子

（政治家）

なんだか女性政治家シリーズになっちゃって、日本だったら
誰かなぁ、となりまして、私が唯一モノマネできるこの人だ
ろう、となりました。喉を詰めて「消費税はんたーい！ やるっ
きゃない！」。もう昭和の人しか理解してくれません。平成の
人たちはキョトンです。おたかさん、知らない？

Takako Doi

60代の土井たか子

（政治家）

やっぱ、フォトジェニックなんですよね。いつも怒ってるイメージがあって、で、確かに、怒ってる映像が多くて。ショートのパーマ、あの当時の髪型なんですよね。お母さん世代はみんなあれでしたね。髪をすくカット技術が発達しておらず、毛量が多い。そしてティアドロップのメガネ。味があるわよねぇ。

Takako Doi

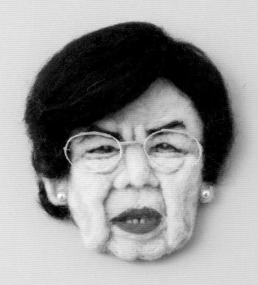

70代の土井たか子

（政治家）

やっぱ、怒ってるんです。ネットで画像検索すると、年々、顔が険しくなってゆくんですね。でもそれがやっぱフォトジェニックなんですよね。いい。眉間のシワ。戦う女の顔。絵になるんです。

Takako Doi

おたかさん、おたかさん、おたかさん!!
ピンクのスーツ、おたかさん。

似顔ブローチ、作り方のコツ

似顔ブローチを作る上でのコツは、上手く言葉にできない特徴を見つけることです。

今回の似顔ブローチで、結構気に入ってるのが、おかずクラブのゆいPです。ゆいPの顔を説明しますと、目はくっきり二重線の綺麗なカマボコ形。涙袋は大きめ。茶色い瞳。鼻は丸めで筋が通ってる。あひる口。上の歯が見える。輪郭はちょっと四角の入った丸。ほっぺはもっこり、はちきれそう。これが特徴です。

でも、この言葉で表せる特徴を全部揃えても、ゆいPには今ひとつ似ないんですね。ここに上手く言葉にできない特徴を足すとぐんと似てくるんです。私が見るゆいPの特徴は「ダハハ感」なんですね。「ダハハ感」一体どこがどうなると「ダハハ」になるのかわかりません。そんな時は、モノマネをするんです。ゆいPになったつもりで「ダハハ」をしてみるんです。その時、自分の顔のどこに力が入っているか確認するのです。目の下側の筋肉？ 目力？ 口角？ あ、口の中か？ 気づいた辺りをちょっとずつ、ちょっと微調整してゆくと、ある瞬間、似るんです。そいつは急にやってきます。

上手く言葉にできない特徴で言うと、ゆいPの相方のオカリナは「でっへー感」です。わかりますか？ たんぽぽでいうと、白鳥さんは「うふ感」、川村さんは「むふ感」です。わかってきましたか？ 鬼奴さんは、そう、「桃井はねぇ感」です。では問題です。瀬戸内寂聴さんはなんでしょう？

正解は「ありがたい」でした。奇を衒う必要はないのですよ。

Kumiko Kondo

近藤くみこ

（ニッチェ／芸人）

痩せてる時はYUKIちゃんそっくりだったと言い張る子。確かにパーツは全部可愛いんです。豪快に笑います。ちょっとつり目で、ちょっと鼻の穴が上向いて、歯がぶわーっと見えて……パーツは可愛いんです。腹式呼吸で笑うので、声が大きいです。こんちゃんがいると盛り上がります。

Keiko Enoue

江上敬子

（ニッチェ／芸人）

全てのパーツが丸でできているのでは？と思うほど、丸い。
めでたい系の顔。小錦さん系の顔。歯がちっちゃいのが可愛
いです。隠れミッキーの一つです。
いっときバンドを一緒にやってましたが、歌がうますぎて、
お客さんが爆笑していました。

Miharu

みはる

（ものまね芸人）

モノマネ芸人みはるさん。中島みゆきさんのモノマネが絶品
です。私のマネをした初代の人。私は似てると思ったことが
ないのですが、みんな似てると言います。
モノマネの人の素の顔を載せてもわからんか？　とにかくい
い人。笑うと目がなくなるのが特徴。

Mr. Shachihoko

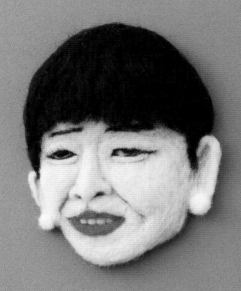

Mr. シャチホコ

（ものまね芸人）

みはるさんの旦那。随分年下の旦那。シャチホコくんがアッ
コさんのモノマネをしているところです。

モノマネの人の素の顔を載せてもわからんし、マネしてるけ
ど本人に似せて作るって……難しいよ。まったくもってして
厄介な夫婦だよ。

ゆいP

（おかずクラブ／芸人）

痩せたら平愛梨と言い張る子。確かにパーツは全部綺麗な
んだよな。どっかで聞いたセリフ。ゆいPの瞳の色が、薄い
茶色でとっても綺麗でいつも見とれちゃいます。
気の強そうな眉毛、ピンクのあひる口、豪快に笑います。痩
せたら美人と言い張る人はみんな笑い声が武将みたいです。

Okarina

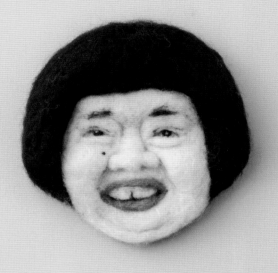

オカリナ

（おかずクラブ／芸人）

人間でなく妖精だと思っておつきあいしています。豆腐小僧
という妖怪にも似ています。動くだけで笑いを取れる特殊能
力の持ち主。おでこのラインとか、凹凸が結構はっきりして
いて男っぽいようで全体的には可愛らしい、本当に不思議な
フォルムです。

有吉反省会

（日本テレビ）

この番組から似顔ブローチを作ってくれ、という依頼が来ました。大久保さん、大吉さん、バカリズムさんです。第一次緊急事態宣言の真っ只中でした。まだクオリティが低いです。三人並べたら、地方局の朝のローカル番組のポスターっぽくなりました。「朝だ。愛知だ。あいっちにのさんし！」ありそう。

Okubosan-brooch

大人気の大久保さんブローチ。
どんなファッションにもなじむと評判です。
今回はビジネスファッションにおける
大久保さん使いテクをご紹介します。

大久保さんをスカーフ留めに。
どんなスカーフにも
なじみます。

珈琲
ブラジル

大久保さんを
バッグチャームに。
どんなバッグにも
なじみます。

実はここに。
どこにもなじみます。

どんなシーン、どんなファッションにも万能な
大久保さんブローチの作り方をご紹介。
右の QR コードで大久保さんブローチの
作り方など手芸の動画を見ることができます。
大久保さんの作り方は本書と順番が多少
違いますが、どちらでも気の向くままで OK！
手芸は自由です〜

**Kayoko Okubo
How to make a brooch**

大久保さん
ブローチの
作り方

材料

大久保さんの顔
（ベージュ）
ハマナカ
ウールキャンディ・シュクル
ナチュラルブレンド
H441-127-811

白目・歯
（白）
Clover
パフウール
ホワイト
72-895

唇
（赤）
ハマナカ
ウールキャンディ・シュクル
ソリッド
H441-126-24

眉・黒目
（黒）
Clover
パフウール
ブラック
72-899

唇の囲み
（薄茶色）
ハマナカ
フェルト羊毛
ナチュラルブレンド
H440-008-804

髪
（茶色）
ハマナカ
フェルト羊毛ソリッド
H440-000-31

4 おでこを作ります。眉毛より上の部分にベージュを足しておでこにボリューム感を出して。

1 ペンでフェルトに大久保さんの顔型を描きます。型紙が下にありますので参考にしてください。

型 紙

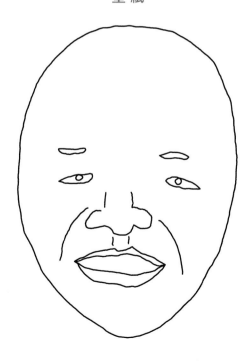

2 ベージュの羊毛フェルトをほぐします。ほぐすとお肌がなめらかに仕上がりますよ。スポンジマットに1のフェルトをのせ、顔のアウトラインに沿ってベージュをただただ無心に刺しつけていきます。

3 ベージュを全体に刺して、カントリーマアムくらいの美味しそうな厚さになったら顔のベースが完成。

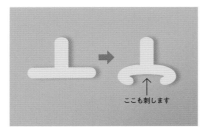

ここも刺します

8 7をイラストのように刺していき、鼻を作ります。

5 ほっぺを作ります。両ほっぺ（ほうれい線まで）にベージュを足して刺し盛っていきます。

9 指で押さえながら刺して形を整えていきます。鼻が低いと思ったら細い棒を作り、鼻筋部分に縦に重ねて刺します。鼻の穴は刺して凹ませます。穴が作れなければ穴のまわりにベージュを足し穴を作ります。

6 鼻を作ります。ベージュを少し取って指先ではさみ、鼻筋用の太めの棒、鼻の穴まわり用の細めの棒を作ります。できたら合体させて「逆Tの字」を作ります。

10 鼻がついたら、手元でベージュの半円形を作り、鼻の下を作ります。ここに唇をのせていきます。

7 6の逆Tの字を鼻の位置にのせて、刺し止めていきます。

14 ベージュを取って、手元で小さいカマボコ型２つと細めのいもむしを２つ作り、カマボコを白目の上にのせて上まぶたに、いもむしを白目の下にのせて下まぶたにします。

11 角度を変えて刺して、全体のバランスを整えます。ベージュを足してほっぺたを膨らませたり、微調整を。

15 唇を作ります。赤の羊毛フェルトを糸状に取って、口紅を引くように上唇と下唇を刺していきます。メイクするように刺して、はじっこはハサミで切って。笑ってるんだけど口角が下がってる、横広、下唇をちょっと厚めに。

12 あごを作ります。あご部分にベージュを足してあごがシュッととがるように刺していきます。これで顔のフォルムが完成。あごの上に下唇をのせてゆきます。

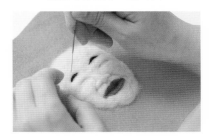

16 眉毛を作ります。黒の羊毛フェルトを糸状に取って、短めのポチョンとした眉毛を刺します。離れ眉毛の短い眉毛を入れると急に大久保さんに似てくる！

13 白目を作ります。白の羊毛フェルトを取って指先で丸めて、いもむし状に。目のあたりに置き、配置を調整しながらちょいタレ気味、ちょい離し気味に刺してみて。

20 19 の上に歯を1つ1つ刺していきます。

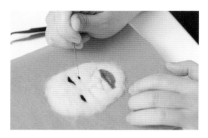

17 黒目を入れます。13 の白目の中に黒をポツンと刺して。

21 羊毛フェルトの薄茶色を細く糸状に取って、唇のまわりを囲むように縁取ります。

18 歯を作ります。白の羊毛フェルトを取って、くりくり小さく丸めてたくさん作ります。

22 鼻の穴と人中（鼻と上唇の間のくぼみ）を作ります。黒を糸状に取って、鼻の穴は横広の●に。人中は細い線で入れてください。

19 口の中にベージュを入れて、歯が引っ込みすぎないように歯をのせる土台を作ります。

25 髪型を整えていきます。

23 髪の毛を作る前に、顔のアウトラインを
横から刺して、顔の形を整えます。

26 最後、ほっぺ、おでこ、鼻の下の出具
合の微調整を繰り返してまわりのフェ
ルトをカットしてできあがり！

24 茶色の羊毛フェルトをあまりほぐさず羊
毛フェルトの流れを生かして髪の毛を
作っていきます。ヅラを被せたおっさん
みたいになりますが大丈夫。

\ KANSEI! /

Chiyomaru

千代丸関（笑顔）

（力士）

初めてお顔を見たとき思いました。作りたい！　可愛すぎる！
とても綺麗なお顔、それを包み込むお肉。つい周りもデコレー
トしてしまいました。
千代丸たんの化粧まわしと、大好きな片岡球子先生にオマー
ジュを込め、富士山を縫いました。

Chiyomaru

千代丸関（真顔）

（力士）

千代丸関の目が好きです。黒目がちで、ちょっとつり目で。
チュンとした鼻も好きです。鼻の穴がチラリと見えてて。富
士山のようなカーブを描く口も好きです。エリンギのような
輪郭も好きです。
あまりに美しいのでもう1個作りました。

Park Jin-Young

J.Y.パーク

（音楽プロデューサー）

NiziUプロジェクトの時、初めてお顔を見ました。作りたい！
という衝動を抑えられませんでした。
理性の人。正しく、優しくあろうとする人。だからあの笑顔
なんでしょう。こんなに理性的な人なのに、髪の毛の派手な
遊び方よ。

Kenichi Mikawa

美川憲一

（歌手）

コロナが早く治まらないかな。不動明王のような、厄除けに
なるような、パワーの強い人のブローチを胸につけたいな。
そしたら毎日が自信満々で楽しくなれるのにな。そうか。美
川さんだ。美川憲一さんだ。美川さんブローチを胸につけた
い、そう思ったのでした。紫のアイシャドウがポイントです。

Hiroshi Fujioka

藤岡弘、

（俳優・武道家）

コロナが早く治まらないかな。パワーの強い人のブローチ、
もっと欲しいな。だって、毎日が不安なんだもん。強くって
明るくて……藤岡弘、さんだ。藤岡弘、さんを胸につけたい、
そう思って作りました。ほっぺのお肉の盛り上がりと眉毛で、
基礎体温37.2度（勝手な想像）を表現しました。

Kenichi Endo

遠藤憲一

（俳優）

コロナ早く治まらないかな。パワーの強い人ブローチ……遠藤憲一さんだ！　悪いものを吹っ飛ばしてくれそうな眼光。悪霊退散ビーム。

一度だけ、なぜか上京していた母も一緒に飲んだことがあります。豪快で気さくな方で、もう一度お会いしたいと母も申しております。

Jakucho Setouchi

瀬戸内寂聴

（小説家、天台宗尼僧）

コロナ早く治まらないかな。お守り欲しいな。そうだ、寂聴
先生だ。可愛らしさの上にありがたさ。恋に仕事に悩んじゃっ
てる女子たちよ、みんな胸につければいいさ。
寂聴と晴美の往復書簡『わが性と生』に感銘を受けて、舞
台を作ったことがあります。

動物ブローチ

Animal
brooches

バス停リス

姪っ子に、私だって可愛いもの作れるんだから、というところを見せたくて作りました。ピーナツの殻がいいでしょう？
縦に平行にラインを引いて、横をアットランダムに入れます。
お気にのワッペンと、銀のビーズを使いました。

よだれ子牛

哺乳瓶からミルクを、白目をむいてゴクゴク飲む姿が可愛くって、作りたい！となりました。そんなに急がなくったって、誰も取らないよ。

動物の白目って、必死さが、なんともそそりますよね。ボンドを固めてヨダレを表現しました。

月うさぎ

月と兎。黒で目を作り、その中に白い点を入れてあります。
白い点が入ると一気に可愛くなります。
これも、私だって可愛いもん作れるのよ、を見せたくて作り
ましたが、姪っ子ウケはあまり良くなかったです。なぜか巣
鴨のお姉さま方のウケは良かったです。

餅ハムスター

ハムスターの目はプラスチックです。光る素材の方がリアル
に見えます。餅は、四角い部分と、中から飛び出した部分は、
色の違う白を使っております。

やたら餅を褒められますが、ハムスターよりは簡単です。

座布団柴

ブサイクな柴犬を作りたくて。座布団は雑誌の取材で訪れた青森の手芸クラブで習ったこぎん刺しです。めちゃめちゃ細かいです。
お腹のあたりをうっすらピンクにしています。ただ、股間のあたりが画像検索しても出てこず、ぼんやりです。

痩せ牛

リアルな牛を作りたくて。牛って大体痩せてますでしょう？
あばらの辺りなんて、骨がボコボコっとしてますでしょう？
それを作りたくて。これを可愛いと言う人は、珍しいです。
30人に1人くらいです。クラスに1人です。その人となら友
達になれます。

タコ

リアルなタコを作りたくて。ぬるっと柔らかそうだけど、足
にはしっかりした筋があって。それをうまく表現できたら、
俄然やる気になっちゃって吸盤の一つ一つまで作っちゃいま
した。完全にゾーンてやつです。今やれって言われたら、無
理です。

額縁のタコ

『とぶくすり』で共演していた本田みずほさんから「個展用にコラボしてくれない？」と依頼がきまして。額はみずほさん作。いい香りのするキャンドルです。
フジツボをイメージした小花で囲んでもらいました。タコの目の鋭さとマッチしています。

羊毛フェルトのブローチ作りの初心者でも、
とても手軽に30分あれば十分作れる、
かわいくて簡単な猫ブローチの作り方です。
ニードルわたわたを使って、あえてカッチリ
刺さずに仕上げることで、毛足長めの
ふわふわした猫になります。
全くの初心者である本書のカメラマンと
編集担当も一緒に作ってみたら、それぞれ
味わい深い目つきの悪い猫になりました。

How to make a brooch of a cat with miserable eyes

目つきの悪い 猫ブローチの作り方

材料

猫の毛
（茶色）
ハマナカ
ニードルわたわた
ブラウン
H440-003-312

縞模様
（濃い茶色）
ハマナカ
フェルト羊毛
ナチュラルブレンド
H440-008-804

口周り
（生成り）
ハマナカ
ニードルわたわた
生成り
H440-003-310

鼻・口・耳の中
（ピンク）
Clover
パフウール
ホイップピンク
72-839

鼻の穴
（黒）
Clover
パフウール
ブラック
72-899

猫の目
ハマナカ
あみぐるみ EYE
キャッツアイ
9mm イエロー
H220-209-3

4 丸い顔になるように適当に刺したらOK。
こなれた人なら50回刺せば十分。

1 ペンでフェルトに猫の顔型を描きます。
型紙が下にありますので参考にしてく
ださい。

型紙

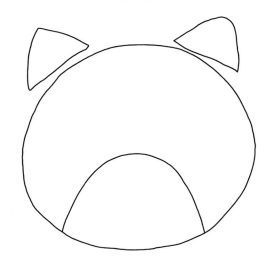

2 スポンジマットの上に1のフェルトをの
せ、顔のアウトラインに沿って茶色の
わたわたを丸く置いてください。

3 顔のベースを作っていきます。この猫
は、ほかのブローチのようにキッチリ
しっかり刺さなくてOK。全部は刺し止
めず、ふわふわしている部分を残した
ほうが、毛足の長い猫がリアルにかわ
いく仕上がります。

8 おでこの部分に茶色を追加。目が引っ込んで見えるようにまわりにも茶色を足します。口元だけは三角によけておき、ほっぺたにも茶色を足していきます。

5 目を作ります。猫目パーツを置いて目の位置を決めます。目の位置に千枚通しで穴をあけます。

9 口元を作ります。生成りのわたわたを取り、口元の三角部分を刺していきます。

6 猫目パーツの棒状部分にボンドをつけて。

10 まぶたを作ります。茶色を少し取り、指先で丸めて細長いジェリービーンズのようなパーツを2つ作って。

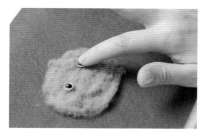

7 6をぎゅっと差し込みます。ちょっと浮いていてもまっすぐ刺さっていれば大丈夫。

14 ピンクの羊毛フェルトをほぐし、指先で鼻サイズの球体を作ります。

11 10 のジェリービーンズをまぶたの位置に乗せ、目つきが悪い感じに刺していきます。目を隠せば隠すほど目つきが悪くなります。悪さの度合いはお好みでどうぞ。

15 14 のピンクの鼻を 13 の真ん中に刺し止めて。

12 鼻まわりの肉の盛り上がり部分を作ります。生成りを取って、棒状のパーツを作ります。マットの上で刺してから手元で形を整えると多少安全です。

16 口を作ります。ピンクを糸状に取って、猫の特徴である、口元の "♀" をピンクで描くように刺してください。

13 生成りの三角の山に沿って、12 の棒状のパーツを山型にのせて、刺し止めて。まぶたと鼻先をくっつけると、よりブサイクになりますよ。

20 ピンクを少しだけ取って、耳の中に刺します。

17 鼻の穴を作ります。黒の羊毛フェルトを指で丸めて、ごま粒を2つ作って、鼻の穴あたりに刺し止めます。ちょっと縦長に斜めに入れるとブサかわいくなります。

21 あごを作ります。生成りを少し取って、口のピンクのラインの下の三角部分に足して形を調整します。

18 耳を作ります。茶色を少し取って、指先で三角っぽい形を作ります。

22 ほっぺたやおでこなど、ボリュームの足りない部分に茶色を足して微調整。

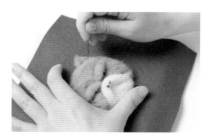

19 18の三角を耳の位置に刺していきます。

24 最後、フェルトとの境目や毛並みなどを微調整したら、まわりのフェルトをカットしてできあがり!

23 縞模様を入れます。濃い茶色の羊毛フェルトを糸状に取って指先でこよって、ふわふわのこよりにします。それを額やほっぺたに線を描くように刺します。本数や角度などは自由で! 太さも濃さもいい加減なほうがかわいいです。

\ KANSEI! /

羊毛フェルト初心者の
カメラマンと編集担当が
作った猫。

ライオン

毎日おんなじようなマスクじゃ飽きちゃいます。遊び心が欲しいです。コロナを吹き飛ばすくらいの強いライオンアタッチメントです。牙はボンドで固めてカッチカチ、眉間の深いシワが肝です。緑のリボンとピンクの紐でお茶目さを。通勤の時にどうぞ。もう舐められませんよ。

ぶた

ぶたアタッチメントです。うっすらピンクの口が可愛い、昔
番組で共演した豚を思い出して作りました。硬い毛がツンツ
ン生えているんです。再現したく、硬いベージュの羊毛を全
体に植毛しました。綿レースで素朴さと可愛らしさを出しま
した。デートの時にどうぞ。

子犬

子犬アタッチメントです。顔をクチャッとさせて飛びついて
くる柴犬の子供です。

姪っ子が「うーん、これはまあまあ可愛い」と唯一認めた作
品です。小学生女子向け。小学生女子は肉球好きですから
ね。クラスでちょっとした話の種にはなりますよ。

オモチャの猿

オモチャの猿アタッチメントです。歯茎むき出しで、目は充
血してて、結構やばい顔をしてるんですね。口がサラダせん
べいみたいで美味しそうです。
大学生、専門学校生向け。なんか人生で一番自由な、一番
無責任な時期にぴったりです。

シマウマ

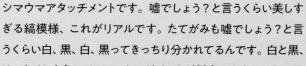

シマウマアタッチメントです。嘘でしょう？と言うくらい美しすぎる縞模様、これがリアルです。たてがみも嘘でしょう？と言うくらい白、黒、白、黒ってきっちり分かれてるんです。白と黒、はっきりした色にはショッキングピンクが似合います。これは田舎者だと舐められたくないショッピング、お出かけの時にどうぞ。

鹿

鹿アタッチメントです。金持ちの家の壁にかかってる鹿の剝
製のイメージです。角が長くて視野を塞ぐこともあるので、
気をつけて歩いてください。

でも、かっこいいです。オシャレは我慢と言いますもんね。

仕事の商談の時にどうぞ。できる人に見えます。

パンダ

パンダアタッチメントです。ニンジンを奥歯でかじるパンダ
の動画を見て、作りたい！と思いまして。前歯でかじらず奥
歯でかじる姿がなんともぐうたらな感じで。人間だったら実
家に住んでる無職だろうな。片側のほっぺがムリッとなって
るところ可愛いでしょう。寝巻きでコンビニに行く時にどうぞ。

ふっくら色白のお肌に淡いピンクのお鼻、
つぶらで純真無垢な目をしたブタのブローチ
の作り方です。
口角の上がった口、内側に向いた薄い耳が
ポイント。仕上げにニードルわたわたを
「植毛」することによって、ブタのツンツン
とした毛並みを再現しています。

How to make a pure maiden pig brooch
純情乙女なブタブローチの作り方

材料

顔のベース
（生成り）
ハマナカ
ニードルわたわた
生成り
H440-003-310

鼻・耳の中
（ピンク）
Clover
パフウール
カメオローズ
72-838

植毛の毛
（ベージュ）
ハマナカ
ウールキャンディ・シュクル
ソリッド
H441-126-29

目
ハマナカ
あみぐるみ EYE
ソリッドアイ
5mm ブラック
H221-305-1

4 新しい生成りを取って、鼻の位置をイメージして、中心より少し下が円錐形になるよう塩梅を見ながら足していきます。

1 ペンでフェルトにブタの顔型を描きます。型紙が下にありますので参考にしてください。

型 紙

※わたわたを使わずに、はじめからベージュを使えば、植毛しなくてもかわいいブタができます。

2 スポンジマットの上に1のフェルトをのせ、アウトラインに沿って生成りのわたわたを刺し、顔のベースを作っていきます。手で押さえて圧をかけながら、アウトラインから刺すのがポイント。

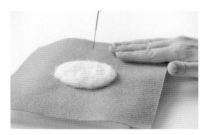

3 カントリーマアムくらいの美味しそうな厚さにしてください。

8 鼻の穴を作ります。穴の位置を決めて、鼻がつぶれないように左手の親指と人差し指で鼻をはさみながら鼻の穴を刺してあけます。

5 鼻のパーツを作ります。ピンクの羊毛フェルトを取って、ふんわりとしただ円ができたらマットに置き、センターに人差し指を入れて、鼻の真ん中の凹みを作りながら刺していきます。

9 口を作ります。ベージュを少し取って、5のようにマットに置いて刺しながらカマボコ型のパーツを作り、鼻の下に合わせてサイズを確認します。

6 指を刺さないように気を付けながら、指で5をはさんで、鼻の横を刺し、形をキレイに整えます。後で鼻の穴をあけるので、カチカチになり過ぎないように。

10 さらにピンクの羊毛フェルトを取って、カマボコの片面がピンクになるように刺します。

7 鼻パーツを顔の一番高い所にのせ、鼻のまわりを刺して接着します。

14 お顔が気に入らなかったら、指で押してみて。表情が変わります！

11 鼻と 10 のカマボコの高さを合わせて、ピンク部分を内側にして鼻の下に置き、合体させます。口角を上げるように接着してください。

15 耳を作ります。ベージュを少し取り、マットに置いて刺し、三角のおせんべいを 2 枚作ります。耳を当ててみて大きさを決めます。

12 口がついたら、生成りを足して、鼻のまわりになだらかな坂ができるように刺します。

16 ピンクを少し取り、15 のおせんべいの内側にのせて弱めのタッチで細かく数多く刺します。裏側からピンクが見えても、耳をつければ見えなくなるので大丈夫。

13 おでこ、鼻の左右、ほっぺた、あごに生成りを少しずつ足しながら、ピンクの鼻を中心として全体がふっくらお山型になるように刺していきます。ここで表情が決まるので、バランスを見て調整して。

20 植毛作業に入ります。ベージュを シューッと薄く取って、それを3セン チくらいの長さにハサミで切ります。

17 軽く指で押したり引っ張ったりして、耳 の形を調整します。少し内側に丸める 感じで耳を刺します。根元を刺すと耳 が起き上がってきます。左右に耳をつ けたらベースが完成!

21 20をおでこに縦にのせて、真ん中1.5 センチの部分を刺し止めます。下側の 毛を上向きにし、上側の毛の上に重ね、 重ねた根本を刺します。

18 目のパーツを入れる位置を決めて、千 枚通しで穴をあけます。

22 顔のまわりから丸を描くように中央に向 かって続けて植毛していきます。

19 目のパーツの棒状部分にボンドをつけ て18の穴に差し込みます。

25 顔全体に植毛しハサミを入れて、眉毛ブラシで毛並みを整えていきます。

23 ひとまわり刺したら毛を逆毛にして起こします。眉毛ブラシなどで毛並みを整えると簡単です。1列刺したら、下に1段ずらしてまた新しいベージュを植えていきます。

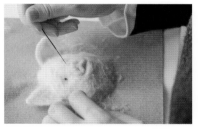

26 最後、フェルトとの境目や毛並みなどを微調整したら、まわりのフェルトをカットしてできあがり！

24 この作業を何段か施して適当な長さにハサミで切り揃えると、自然に毛が生えているようになります。

\ KANSEI! /

火の輪虎

火の輪をくぐる虎です。動物半立体シリーズを編み出して、
ここまできました。飛び出しました。炎はプロレスラーのバ
ンバン・ビガロのイメージです。
手抜きで始めた半立体でしたが、半立体であることの意味
がこれを作ってやっとわかりました。

火の輪ライオン

火の輪をくぐるライオンです。虎の相方です。
飛び出しております。
みんな「飛び出してるー」と驚きますが、だったら立体の立
場は？って話なんですよね。ライオンの肉球は黒い。それだ
けでも覚えて帰ってください。

ハブ

前著『靖子の夢』で沖縄お土産シリーズを作り、本に載り
損ねたものです。地方の行楽地のポスター感を出したくて。
ハイビスカスが思いの外、私は気に入ってます。布フェルト
をハサミで切ったんじゃこの花びらにはならないわよ。小さ
な丸を刺して付けてボコボコにしてるのよ。

こーれーぐーす

コーレーグース

『靖子の夢』の沖縄シリーズに載り損ねたもの。ちび唐辛子はひとつずつ実の色、ヘタの色が違います。瓶はクリアファイルを切って貼って作りました。あれは柔らかくてしっかりしてて、非常に便利です。そして安い。

イリオモテヤマネコ

『靖子の夢』の沖縄シリーズに載り損ねたもの。後ろの文字
刺繍がお気に入りです。イリオモテヤマネコって書いてある
と思うでしょ？　1個も書かれてないのよ。怖いでしょう？
耳なし芳一の世界観でしょ？　でも、可愛くない？

ゴリラ

いつ作ったのか覚えてませんが、ひょっこり出てきました。
男前ゴリラ、シャバーニ。黒の羊毛で何かを作っても、肉眼
では凹凸がわかるのに、写真にするとただ黒いものがのっぺ
りしてるようにしか写らないんです。
なので、顔は紺色を使いました。見えるかなあ？

骸骨

なかなか苦労しました。中にワイヤーを入れてバラバラにならないようにしてあります。骨1本ずつ作ってまとめてるんですよ。その手間よ。

骸骨なんで、やっぱ怖いんで、メキシコ風メルヘン仕立てにしました。リボンもつけてガーリーに。

双子の赤ちゃん

髪の毛のまだ生えてない赤ちゃんがヘアバンドをしてる姿が
大好きで。生まれたばかりなのに、おっさんみたいな顔して
る赤ちゃんが大好きで。
好きなものを2つ作ったら2倍楽しいと思って。
なーに〜？　やっちまったな。

土偶たち

左からハート形土偶、仮面の女神、縄文のビーナスです。
土偶の番組で一気に土偶ファンになりまして。土偶はなんで
作られたのか、文字もない時代、資料はないので自由に想像
していいんですって。
そこが夢があってよくないですか？

遮光器土偶

このフォルムすごくないですか？　これは宇宙人を模ったものではないか、そういう説もあります。想像は自由なんです。あんまり服装がかっこよかったので興奮して思わずビーズでゴテゴテにしてしまいました。実は裏もデコっていますが、前にはかなわないです。

パグ神様

パグの神様と呼んでいます。なぜ？　どこが？　そう言われると説明が難しいんですが……後光が差してますでしょう？それ。そういうこと。パグは今まで何匹も作りましたが、こいつの顔が一番好きです。ちょっと気持ち悪いデコレーションをしたくて、狙い通りにできました。

パグ盆踊り

オリンピックで外国人がいっぱい来るから、外国人ウケする
ブローチを作らなきゃって、和っぽいものを作ったんですが、
オリンピックの前にコロナがきました。がっかりだよ。全く。
法被着てるけど下半身丸出しってのが、可愛いでしょう？

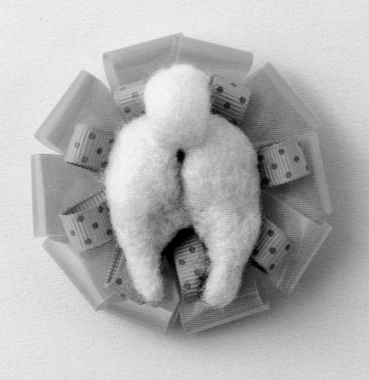

パグ尻

動物飼ってる人は本当に動物の尻が好きね。顔を作る労力に比べたら超簡単なのに、反応は大きいです。「きゃー。お尻ー。可愛いー」と。
筋肉質でムリッとした感じを出しました。黒い丸をトントントンと刺していけば、自ずと肛門になります。

それ、手作りですか？

正直に言いますと、自分で作ったものを身につけていることが恥ずかしいです。どうしましょう。

ものを身につけている時「あ、それ手作りですか？」と言われたら、すごく恥ずかしいです。なんか、身内の情けない姿を同級生に見られた気分になります。人が作ったものなら平気です。なんなら「可愛いでしょ？」くらい言えます。私が作った物でもない、人が作った物でもない、ただ普通に店で買ったものを「あ、それ手作りですか？」と聞かれると、なぜか腹が立ちます。理由はわかりません。なんかバカにされた気分になるのです。なんででしょう。私だけでしょうか。手作りしてる人はみんなそうなんでしょうか？好きで作ってるし、楽しいし、自信作ばかりなのに、人に見つかると恥ずかしいです。恥ずかしいと思ってることが恥ずかしいです。どうして？

どんな悲惨な話も「お前、馬鹿だなぁ」「あんた、馬鹿ねぇ」と笑いながらこう言われたら、救われます。馬鹿ってすごい褒め言葉ですよね。俳優一筋、いつも芸のことしか頭にない人を「役者馬鹿」と呼ぶように、行き切った人には、尊敬と愛情が生まれてきます。

な伝統芸にすらなりますもんね。歌もそうでしょ？　初めは「なんだこれ？」と思っていたものが、聞いた数だけいい歌に聞こえてくるでしょう？　もっと聞いたら時代の象徴にすらなるでしょう？　馬中途半端だからダメなんだ。馬鹿になろう。行き切らないと。自分の作った物をこれでもかと身につけてみよう。スティーブ・ジョブズも言ってたもんね。「Stay foolish」って。どうでしょう？　お友達の顔を9個付けてみました。デビルマンの「ジンメン」みたいになりました。怖いっ！

ギャグもそうですもんね。初見で笑えるギャグなんてほぼ皆無です。大体が「何？」となり、その後のいたたまれない空気を笑う、引き笑いばかりです。でもやり続けられると、いつの間にやら笑えるものになり、もっとやり続けられるとそれは挨拶となり、もっとやり続けられると「いっ、よっ。待ってました！」というふうに。え？　なんか言った？　貴方が「馬鹿だなぁ」とつぶやいてますように。

お気に入りのブローチを使って作った
ブローチグッズを改めてご紹介します。

❶ 女芸人トレーナー

シンプルな白トレーナーもブローチをあしらうだけで
こんな風に大変身！　9名の女芸人たちの笑顔のお
かげで、POP で楽しく気分が上がるお出かけ服に。

❷ 文豪トートバッグ

推しの顔ブローチを並べれば、これぞ「羊毛フェルト
痛バッグ」のできあがり！ 積ん読していた本をバッ
グに忍ばせて、喫茶店で読書の時間を楽しんで。

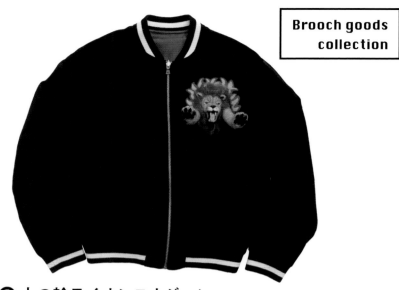

❸ 火の輪ライオンスカジャン

スカジャンにはちょっとハードめなアイテムがお似合い。轟々と燃える炎から飛び出したライオンブローチを胸に飾れば勇気凛々です。

❹ バス停リスカーディガン

バス停でピーナツを齧りながらバスを待つリスのブローチはシンプルなカーディガンにあたたかな春の風を吹かせてくれます。

本書は書き下ろしです

【衣装協力】
nooy
Soi-e
Harajuku Chicago

ブックデザイン：大久保明子
撮影：釜谷洋史、榎本麻美（人物撮影、P116〜118）
スタイリング：森下彩香（ニューメグロ衣裳）
ヘアメイク：島貫香菜子（マービィ）
DTP：エヴリ・シンク
協力：プロダクション人力舎、吉田尚子

【材料協力】
ハマナカ株式会社
http://www.hamanaka.co.jp/
クロバー株式会社
https://clover.co.jp/
ディー・エム・シー株式会社
https://www.dmc.com/jp

私が作って私がときめく自家発電ブローチ集

2021年5月20日　第1刷発行

著　者　光浦靖子
発行者　鳥山靖
発行所　株式会社　文藝春秋
〒102-8008　東京都千代田区紀尾井町3-23
☎ 03-3265-1211
印刷・製本　光邦

光浦靖子（みつうらやすこ）

1971年生まれ。愛知県出身。幼なじみの大久保佳
代子と「オアシズ」を結成。国民的バラエティ番
組『めちゃ²イケてるッ！』のレギュラーなどで
活躍。また、手芸作家・文筆家としても活動し、
著書に『靖子の夢』、『傷なめクロニクル』など。